ISBN : 978-2-916947-97-6 - Dépôt légal : septembre 2013
© ABC MELODY, 2007 - © ABC MELODY, 2013 pour cette édition
Loi n°49-956 du 16 juillet 1949 sur les publications destinées à la jeunesse.
www.abcmelody.com

Tous droits du producteur phonographique et du propriétaire de l'œuvre enregistrée réservés. Sauf autorisation, la duplication, la location, le prêt, l'utilisation de ce disque pour exécution publique et radio-diffusion sont interdits.
Imprimé en Pologne.

CHANTE & DÉCOUVRE
l'allemand
NOUVELLE ÉDITION

Musique, paroles et production : Stéphane Husar
Paroles : Stéphane Husar, Anke Feuchter, Reinhard Schindehutte
Voix : Johannes Eck, Mareike Eberz, Louise Hoelscher,
Anita & Nicholas Burkart, Stéphane Husar
Conception graphique : Jeanne-Marie Monpeurt
Illustration couverture : Loïc Méhée
Illustrations intérieures : Adam Thomas, Loïc Méhée

BIENVENUE
DANS LE MONDE MUSICAL D'ABC MELODY !

La collection **CHANTE & DÉCOUVRE** est un concept innovant et ludique qui propose des chansons originales, amusantes et rythmées pour faire découvrir les langues étrangères aux enfants de la maternelle jusqu'à la fin du primaire.

Avec **CHANTE & DÉCOUVRE L'ALLEMAND**, l'initiation à l'allemand se fait naturellement et sans effort.

Chaque chanson est présentée avec son texte et son lexique illustré pour mieux comprendre les paroles lors de l'écoute. L'enfant est ainsi mis en confiance et chantera facilement. À l'aide des versions instrumentales, on pourra créer sa propre chanson en changeant un mot pour un autre.

L'équipe d'ABC MELODY

1 / ABC RAP
2 / LEON DAS CHAMÄLEON
3 / HALLO, MEIN FREUND!
4 / 1, 2, 3, JETZT TANZEN WIR!
5 / ICH ZIEH' MICH AN
6 / ICH HABE HUNGER
7 / EINE WOCHE
8 / ICH UND DU
9 / NIMM DEN ZUG!
10 / WAS IST LOS?

11-20 VERSIONS INSTRUMENTALES

1 / ABC RAP

A B C   Vor der Tür liegt dicker Schnee!

D E F G   Wenn ich in die Schule geh'!

H I J K   Das hier ist der Mustafa!

L M N O   Und die Karin und der Jo!

P Q R S T   Nach der Schule wieder Schnee!

U V W   Zu Hause gibt es heißen Tee!

X Y Z   Und jetzt gehe ich ins Bett!

2 / LEON DAS CHAMÄLEON

Leon, das Chamäleon,
kannst du es sehen?
Wo ist es denn?
Leon, das Chamäleon,
weißt du denn, wo es ist? } x2

Weiß wie der Schnee,
blau wie die See,
grün wie das Gras,
wer ist denn das ?

Leon, das Chamäleon…

Rot wie eine Rose,
grau wie eine Maus,
gelb wie die Zitrone,
wie sieht denn Leon aus?

Leon, das Chamäleon…

Schwarz wie die Nacht,
rosa wie ein Schwein.

So bunt wie der Leon,
ist nur sein Bruder John,
mit dem spielt er Verstecken,
in allen Ecken!

Weiß wie der Schnee,
blau wie die See,
grün wie das Gras,
rot wie eine Rose,
grau wie eine Maus,
gelb wie die Zitrone,
schwarz wie die Nacht,
rosa wie ein Schwein!

das Chamäleon
 die Rose
 rosa
 die Zitrone
 gelb
 die See
 weiß
 das Gras
 grün
 der Schnee
 blau
 die Nacht
grau
 schwarz
 die Maus
 rot
 das Schwein

3 / HALLO, MEIN FREUND!

Hallo, mein Freund,
wie geht es dir?
Hallo, mein Freund,
wie geht es dir? } x2

Mir geht es gut, so gut!
So richtig gut, gut, gut!
Na dann mal tschüss,
mein Freund
bis bald!

Hallo, Mama,
wie geht es dir?
Hallo, Mama,
wie geht es dir? } x2

Mir geht es gut, so gut!
So richtig gut, gut, gut!
Na dann mal tschüss, Mama
bis bald!

Hallo, Papa,
wie geht es dir?
Hallo, Papa,
wie geht es dir? } x2

Mir geht es gut, so gut!
so richtig gut, gut, gut!
Na dann mal tschüss, Papa
bis bald!

Hallo, hallo!
Hallo, Papa!
Hallo, Mama!
Hallo, mein Freund!
Hallo, Frau Schmidt!
Hallo, hallo!

Für euch 'nen Kuss
und dann ist Schluss!

 Hallo!

 der Papa

 Wie geht es dir?

 die Mama

 der Freund

 der Kuss

 Mir geht es gut!

 Tschüss!

4 / 1, 2, 3, JETZT TANZEN WIR!

Streck' die Arme aus! } x2
Heb' die Hände hoch!
Eins, zwei, drei, vier, fünf,
sechs, sieben, acht, neun, zehn!

Ein Schritt nach rechts!
Ein Schritt nach links!
Ein Schritt nach vorn,
und zwei zurück!
Spring so hoch du kannst!
Spring, spring, spring, spring!

Eins, zwei, drei, jetzt tanzen wir, } x4
vier, fünf, sechs, ja das macht Spaß!

Eins, zwei, drei, vier, fünf,
sechs, sieben, acht, neun, zehn!

Streck' die Arme aus! } x2
Heb' die Hände hoch!
Spring so hoch du kannst!
Spring, spring, spring, spring!

Eins, zwei, drei, jetzt tanzen wir...

Hey, wir tanzen!

Eins, zwei, drei, jetzt tanzen wir...

5 / ICH ZIEH' MICH AN

Ich zieh' mich an
erst die Strümpfe
dann das T-Shirt
und die Shorts   x2

Ich zieh' mich an
erst die Hose
dann das Hemd
und die Uhr   x2

Ich zieh' mich an
erst die Schuhe
dann die Jacke
und die Brille   x2

Ich zieh' mich an
erst den Mantel
dann die Mütze
und den Schal   x2

Ich bin fertig, liebe Mama
Ich bin fertig, lieber Papa
Los, wir fahren
in die Schule,
und ich bin als Erster da...

Papa : Hast du deine Tasche?
Mama : Hast du dein Frühstück?
Papa : Hast du Geld?
Mama : Hast du uns lieb?

Aber sicher, liebe Mama
Aber sicher, lieber Papa
Los, lasst uns fahren!

die Strümpfe
 die Brille
 das T-shirt
 der Mantel
 die Shorts
 die Mütze
 die Hose
 der Schal
 das Hemd
 die Schule
 die Uhr
 die Tasche
 die Schuhe
 das Frühstück
 die Jacke
 das Geld

6 / ICH HABE HUNGER

Heute gibt es Fisch
mit Reis!
Heute gibt es Kuchen
mit Eis!

Heute gibt es Fleisch
mit Soße!
Heute gibt es Brot
mit Käse!

Wir kochen!
Wir backen!
Wir essen!
Wir trinken!

Ich habe Hunger!
Lasst uns essen!
Ich habe Durst!
Lasst uns trinken!
} x2

Heute gibt es Pilze
und Tomaten!
Heute gibt es Gurken
und Karotten!

Heute gibt es Äpfel
und Bananen!
Heute gibt es Kirschen
und Birnen!

Wir kochen!
Wir backen!
Wir essen!
Wir trinken!

Ich habe Hunger...

 Ich habe Hunger
 der Käse

 Ich habe Durst
 der Pilz

 der Fisch
 die Tomate

 der Reis
 die Gurke

 der Kuchen
 die Karotte

 das Eis
 der Apfel

 das Fleisch
 die Banane

 die Soße
 die Kirsche

 das Brot
 die Birne

7 / EINE WOCHE

Montag ist der erste Tag,
ein toller Tag, den ich sehr mag!
Aber Dienstag ist auch fein,
da gibt es oft Sonnenschein!

Kommt her, tanzt mit!
Das ist doch ein großer Hit!
Tanzt mit, kommt her,
gleich gibt es noch mehr!

Auch der Mittwoch ist schon da,
ist das denn nicht wunderbar?
Donnerstag kommt auch schon bald,
und wir wandern durch den Wald!

Kommt her, tanzt mit!
Das ist doch ein großer Hit!
Tanzt mit, kommt her,
gleich gibt es noch mehr!

Oh! Morgen ist schon Freitag!

Samstag ist Familientag,
den ich auch sehr gerne mag!
Sonntag muss ich früh ins Bett,
ohne Murren, lieb und nett!

Kommt her, tanzt mit...

Montag

 der Sonnenschein

 Dienstag

 der Wald

 Mittwoch

 Donnerstag

 das Bett

 Freitag

 tanzen

 Samstag

 Sonntag

 die Familie

8 / ICH UND DU

Ich heiße Lars,
und bin aus der Schweiz!
Hier ist mein Vater,
und da mein Bruder!

Ich heiße Lena,
komm' aus Österreich!
Hier ist meine Mutter,
und da meine Schwester!

Hallo, wie geht's?
Wie heißt du denn?
Hallo, wie geht's?
Wo kommst du her?
Wie geht es dir?   x2

Hallo, wie geht's?
Was machst du gern?
Hallo, wie geht's?
Wo kommst du her?
Wie geht es dir?   x2

Ich heiße Ali,
komm' aus Deutschland!
Hier ist mein Opa,
und da meine Oma!

Ich heiße Anke,
komm' aus Deutschland!
Mein Hund und die Katze,
reichen dir die Tatze!

die Schweiz

 meine Schwester

 Österreich

 mein Opa

 Deutschland

 meine Oma

 Ich heiße Lars

 mein Vater

 der Hund

 meine Mutter

 die Katze

 mein Bruder

 die Tatze

9 / NIMM DEN ZUG!

Ein Freudenschrei!
Wir haben frei!
Wir planen eine Reise,
in uns'rem großen
Freundeskreise!

Nimm den Zug!
Nimm den Bus!
Nimm dein Rad!
Komm mit uns!
} x2

Fahr mit der Bahn!
Buche 'nen Flug!
Nimm ein Schiff!
Zähl' bis 10!
} x2

Eins, zwei, drei, vier, fünf,
sechs, sieben, acht, neun, zehn!

Es ist so toll zu fliegen,
fahren ist auch schön!
Es ist so gut zu reisen,
was wollen wir Morgen, sehen?

Nimm den Zug!
Nimm den Bus!...

Eins, zwei, drei, vier, fünf,
sechs, sieben, acht, neun, zehn!

Ein Freudenschrei!
Wir haben frei!
Wir planen eine Reise,
in uns'rem großen
Freundeskreise!

Los geht's!

Komm mit mir,
ich zeige dir die Welt!
Komm mit mir,
und bring' doch
auch dein Zelt!
Komm mit mir,
ich zeige dir die Welt!
Sie ist so groß und rund
und wunderbar und bunt!

Nimm den Zug!
Nimm den Bus!...

 ein Freudenschrei    das Flugzeug / der Flug

 eine Reise   das Schiff

 der Freundeskreis   fahren

 der Zug / die Bahn    reisen

 der Bus    die Welt

 das Rad    das Zelt

10 / WAS IST LOS?

Mir geht's nicht gut!
Mir geht's nicht gut!
Der Kopf, er tut mir weh!
Ich will nur noch ins Bett – oje!

He, he, hey!
Was fehlt dir denn,
was fehlt dir denn?
He, he, hey!
Was tut dir denn so weh?

Mir geht's nicht gut!
Mir geht's nicht gut!
Mein Zahn tut mir so weh!
Ich will nur noch ins Bett – oje!

He, he, hey...

Mir geht's nicht gut!
Mir geht's nicht gut!
Der Bauch, er tut mir weh!
Ich will nur noch ins Bett – oje!

He, he, hey...

Mir geht's nicht gut!
Mir geht's nicht gut!
Die Füße tun mir weh!
Ich will nur noch ins Bett – oje!

He, he, hey...

Der Arzt ist hier!
(Spritzen, Spritzen!)
Der Arzt ist hier!
(Schlucken, schlucken!)
Ich steh dann lieber auf...
Ja, ja, ja, ich steh' schon auf...

He, he, hey...

He, he, hey!
Ich bin schon wieder ganz OK!

 Mir geht's nicht gut!

 mein Kopf

 Der Kopf, er tut mir weh!

 mein Zahn

 Mein Zahn tut mir so weh!

 mein Bauch

 Der Bauch, er tut mir weh!

 meine Füße

 Die Füße tun mir weh!

 der Arzt

TRADUCTIONS FRANÇAISES

1 / ABC RAP

ABC
Dehors, la neige est épaisse
DEFG
Quand je vais à l'école
HIJK
Et voici Mustapha !
LMNO
Et Karin et Joe
PQRST
Après l'école, encore de la neige !
UVW
Et du thé chaud à la maison
XYZ
Et maintenant, je vais au lit !

2 / LÉON LE CAMÉLÉON

Léon le caméléon
Tu le vois ?
Où est-il ?
Léon le caméléon
Tu sais où il est ?
(x2)

Blanc comme la neige
Bleu comme la mer
Vert comme l'herbe
Mais qui est ce Léon ?

Léon le caméléon…

Rouge comme une rose
Gris comme une souris
Jaune comme un citron
À quoi ressemble Léon ?

Léon le caméléon…

Noir comme la nuit
Rose comme un cochon
Aussi multicolore que Léon
Il n'y a que son frère Jean !

Avec qui il joue
À cache-cache, partout !

Blanc comme la neige
Bleu comme la mer
Vert comme l'herbe
Rouge comme une rose
Gris comme une souris
Jaune comme un citron
Noir comme la nuit
Rose comme un cochon

3 / BONJOUR MON AMI !

Bonjour mon ami ! Ça va ?
Bonjour mon ami ! Ça va ?
(x2)

Oui, ça va très bien !
Vraiment très bien !
Alors, au revoir mon ami !
À bientôt !

Bonjour Maman ! Ça va?
Bonjour Maman ! Ça va ?
(x2)

Oui, ça va très bien
Vraiment très bien
Alors, au revoir Maman !
À bientôt!

Bonjour Papa ! Ça va ?
Bonjour Papa ! Ça va ?
(x2)

Oui, ça va très bien
Vraiment très bien
Alors, au revoir Papa !
À bientôt !

Bonjour, bonjour !
Bonjour Papa !
Bonjour Maman !
Bonjour mon ami !
Bonjour Madame Schmidt !
Bonjour, bonjour !

Je vous envoie un baiser
Et voilà !

4 / UN, DEUX, TROIS, DANSONS !

Écarte les bras !
Lève les mains !
1, 2, 3, 4, 5, 6, 7, 8, 9, 10

Un pas à droite !
Un pas à gauche !
Un pas en avant !
Et deux en arrière !

Saute le plus haut possible !
Saute, saute, saute, saute !

REFRAIN
Un, deux, trois, dansons !
Quatre, cinq, six, oui c'est super !
1, 2, 3, 4, 5, 6, 7, 8, 9, 10

Écarte les bras !
Lève les mains !
Saute le plus haut possible !
Saute, saute, saute, saute !

REFRAIN

Allez, tout le monde danse !

REFRAIN

5 /JE M'HABILLE

Je m'habille
D'abord, mes chaussettes
Puis, mon T-shirt et mon short

Je m'habille
D'abord, mon pantalon
Puis, ma chemise et ma montre

Je m'habille
D'abord, mes chaussures
Puis, ma veste et mes lunettes

Je m'habille
D'abord, mon manteau
Puis, ma casquette et mon écharpe

Je suis prêt(e), Maman chérie !
Je suis prêt(e), Papa chéri !
Allons à l'école !
J'y serai le premier !

Papa : As-tu pris ton sac ?
Maman : As-tu pris ton petit déjeuner ?
Papa : As-tu pris ton argent ?
P+M : Tu nous aimes ?

Bien sûr que oui, Maman chérie !
Bien sûr que oui, Papa chéri !
Allez, en route !

6 / J'AI FAIM

Aujourd'hui, nous allons prendre du poisson
Avec du riz
Aujourd'hui, nous allons prendre du gâteau
Avec de la glace
Aujourd'hui, nous allons prendre de la viande
Avec de la sauce
Aujourd'hui, nous allons prendre du pain
Avec du fromage

Nous cuisinons
Nous faisons des gâteaux
Nous mangeons
Nous buvons

REFRAIN
J'ai faim
Eh bien, mangeons !
J'ai soif
Eh bien, buvons !

Aujourd'hui, nous
allons prendre des
champignons
Et des tomates
Aujourd'hui, nous
allons prendre des
concombres
Et des carottes
Aujourd'hui, nous
allons prendre des
pommes
Et des bananes
Aujourd'hui, nous
allons prendre des
cerises
Et des poires

Nous cuisinons
Nous faisons des
gâteaux
Nous mangeons
Nous buvons

REFRAIN

7 / LA SEMAINE
Lundi, c'est le premier
jour
Un jour que j'adore !
Mais mardi n'est pas
mal non plus
Et il fait beau

REFRAIN
Viens danser avec
nous !
Ça, c'est une super
chanson !
Viens danser avec
nous !
Et la fête continue !

C'est déjà mercredi

C'est super, non ?
Bientôt jeudi
Nous irons nous
promener dans les bois

REFRAIN
Oh, demain,
c'est déjà vendredi !
Samedi… c'est la
journée en famille
J'adore !
Dimanche, je dois aller
au lit de bonne heure !
Et je le fais sans me
plaindre !

8 / TOI ET MOI
Je m'appelle Lars
Je viens de Suisse
Voici mon père
Et mon frère

Je m'appelle Lena
Je viens de l'Autriche
Voici ma mère
Et ma sœur

REFRAIN
Bonjour, comment ça va ?
Comment tu t'appelles ?
Bonjour, comment ça va ?
Tu es d'où ?
Bonjour, comment ça va ?
Qu'est-ce que tu aimes
faire ?
Bonjour, comment ça va ?
Tu es d'où ?
Comment ça va ?

Je m'appelle Ali
Je viens d'Allemagne
Voici mon grand-père
Et ma grand-mère

Je m'appelle Anke
Je viens d'Allemagne
Mon chien et mon chat
Veulent que tu leur
serres la patte !

REFRAIN

9 / SAUTE DANS LE TRAIN !
Un cri de joie !
L'école est finie !
Nous organisons un
voyage
Avec nos copains

REFRAIN
Saute dans le train !
Prends le bus !
Prends ton vélo !
Viens avec nous !
Saute dans le train !
Prends l'avion !
Prends le bateau !
Compte jusqu'à dix !
1, 2, 3, 4, 5, 6, 7, 8, 9, 10 !

Prendre l'avion, c'est
super !
Et prendre la voiture,
c'est bien aussi
Voyager, c'est super !
Qu'est-ce qu'on va voir
demain ?

REFRAIN
Un cri de joie !
L'école est finie !
Nous organisons un
voyage
Avec nos copains
Viens avec moi !
Je vais te faire
découvrir le monde
Viens avec moi !
Et prends ta tente !
Je vais te faire
découvrir le monde
Il est grand et tout rond
Magnifique et plein de
couleurs

REFRAIN

10 / QU'EST-CE QUI NE VA PAS ?
Je me ne sens pas bien
Je ne me sens pas bien
J'ai mal à la tête
Je veux aller me
coucher
Oh yeah !

REFRAIN
Hé, hé, hé
Qu'est-ce qui ne va pas ?
Qu'est-ce qui ne va pas ?
Hé, hé, hé
Qu'est-ce que tu as ?

Je me ne sens pas bien
Je ne me sens pas bien
J'ai mal aux dents
Je veux aller me coucher
Oh yeah !

REFRAIN

Je me ne sens pas bien
Je ne me sens pas bien
J'ai mal au ventre
Je veux aller me coucher
Oh yeah !

REFRAIN

Je me ne sens pas bien
Je ne me sens pas bien
J'ai mal aux pieds
Je veux aller me coucher
Oh yeah !

REFRAIN

Le docteur est là
(piqûres, piqûres !)
Le docteur est là
(avale, avale)
Je préfère me lever !
Oh oui, oui, oui,
Je me lève tout de
suite !

REFRAIN

Hé, hé, hé
Je suis bien rétabli !